CÉRÉMONIAL

DE L'INSTALLATION

ET

DES FUNÉRAILLES

de Claude-Maur d'Aubigné,

ARCHEVÊQUE DE ROUEN,

EN 1708 ET 1719.

— Extrait du Mémorial d'un Religieux de Saint-Ouen. —

✧

PUBLIÉ, POUR LA PREMIÈRE FOIS,

D'après un Ms. de la Bibliothèque de Rouen ;

PAR ANDRÉ POTTIER,
Conservateur.

✧

ROUEN,
E. LE GRAND, ÉDITEUR,
RUE GANTERIE, 26.

1837.

PUBLICATION
DE LA REVUE DE ROUEN
ET DE LA NORMANDIE.

IMPRIMÉ PAR NICÉTAS PERIAUX,
RUE DE LA VICOMTÉ, N° 55.

CÉRÉMONIAL

DE L'INSTALLATION ET DES FUNÉRAILLES

DE CLAUDE-MAUR D'AUBIGNÉ,

ARCHEVÊQUE DE ROUEN,

en 1708 et en 1719.

Installation de M. d'Aubigné, en 1708.

Messire Claude-Maur d'Aubigné, évêque de Noyon, ayant été nommé par le Roy à l'archevêché de Roüen, dès la fête de Noël 1707, n'en est venu prendre possession par luy-même que le 10ᵉ jour de juillet l'année suivante. Il arriva à Roüen deux jours auparavant, qui étoit un dimanche, sur les 7 heures de soir. Le landemain 9ᵉ le R. P. Prieur, accompagné de 3 religieux, fut, sur les 7 heures de matin, pour le complimenter. Ce qu'il fit immédiatement après les députés du Chapitre, et préférablement aux curés de la ville. Il répondit avec toutes les marques de bonté et d'estime, pour la congrégation, que l'on pouvoit désirer. Ayant désigné le 10ᵉ de juillet pour faire son entrée, je fus, le jour d'auparavant, voir le curé de St.-Herbland pour le prier de souffrir que je fisse apporter nos chappes dans son église. Il nous accorda volontiers la chapelle de la Vierge, où il fit mettre une table pour poser nos ornemens. Le 10ᵉ, jour de la cérémonie, je fis porter nos chappes et une tunique pour le porte-croix, dès le matin, dans cette église. Environ sur les 8 heures et demie, nous partîmes de la nôtre, processionnellement, revêtus en aubes, étant précédés par un frère convers, revêtu aussi d'aube, portant la croix, ayant à ses côtez deux enfans en rochet, pour aller à St.-Herbland, en silence et sans chanter. Nous entrâmes par la porte du grand portail, et aussitost nous prîmes nos chappes, et le porte-croix sa tunique. Incontinent après, Mgr l'archevêque arriva dans son carosse, revêtu de son rochet et de son camail, et fut reçu par le curé et le clergé de la paroisse, étant tous en chappe, et conduit jusqu'au grand autel où il fit sa prière, sur le prie-dieu qui lui avoit été préparé. S'étant levé, le curé le conduisit dans la sacristie où il le complimenta. Le compliment fini, le clerc de la paroisse s'approcha pour luy ôter ses souliers et ses chausses, et pour luy offrir des sandales; mais il ne voulut pas souffrir qu'un ecclésiastique fist cet office si bas, qu'il fit exécuter par son valet de chambre; il refusa aussi les sandales, disant que, puisque le cérémonial marquoit que l'archevêque devoit aller déchaussé, il vouloit marcher pieds nuds. Étant rentré dans le chœur, messieurs Guerout et le Couteux, anciens religieux de notre maison, se placèrent à ses deux côtés pour le conduire jusqu'à la barrière de la place qui est devant la Cathédrale. Le curé de St.-Herbland se mit aussi en devoir de conduire le prélat; mais M. le Couteux et le R. P. prieur représentèrent à Mgr l'archevêque que c'étoit une innovation que le curé vouloit faire, dont il fut obligé de se désister par ordre de Monseigneur. Lorsque la procession devoit commencer à marcher, le clergé de St.-Herbland fit difficulté de marcher devant nous, prétendant occuper un côté; mais par la même authorité ils furent déboutez de leurs prétentions, et obligez de nous précéder, comme le curé le leur signifia luy même, en disant tout haut *que c'étoit l'usage:* et il se plaça à leur tête. Lorsque nous fûmes sortis de la paroisse, notre chantre, qui ne portoit pas son bâton, entonna le répons : *Ecce sacerdos magnus*, que nous poursuivîmes jusqu'à la barrière qui est devant la cour des Aides, maintenant l'hôtel des Thrésoriers de France. A la sortie de St.-Herbland Mr Guerout, notre ancien religieux, ne se trouvant pas assez fort, à cause de son âge de 84 ans, pour soutenir Mgr l'Archevêque, notre R. P. prieur fit cette fonction, étant à sa droite. On avoit eu soin de mettre de la natte, depuis la Paroisse jusqu'à la porte de la Cathédrale. Étant arrivez à la barrière, le prélat se mit à genoux sur un prie-dieu, et alors monsieur le haut-doyen, qui étoit

M^r l'abbé Dufour, voyant que personne ne faisoit le compliment, dit : Monseigneur, c'est au R. P. prieur de St.-Oüen à commencer la cérémonie. Le R. P. prieur, qui avoit cédé cet honneur à M^r le Couteux, luy fit signe de parler ; il le fit, mais d'une manière si basse et si embarassée, que personne ne l'entendit. Ensuite monsieur le haut-doyen présenta à Mgr l'archevêque vne formule du jurement qu'il devoit faire, pour conserver les droits de la Cathédrale ; on remarqua qu'il ajouta à ces deux mots, *omnia jura*, celuy de *laudabilia*. Aprez ce serment le prélat se leva, et messieurs du Chapitre le conduisirent dans leur église, pour luy faire observer tout ce que les Archevêques ses prédécesseurs avoient fait, mais il refusa de faire le serment d'obéissance à M^r le doyen, comme chanoine. Le prélat étant entre les mains des chanoines, nous nous retirâmes dans l'église de l'Hôtel-Dieu, pour y poser nos chappes, en ayant demandé auparavant la permission à M^r le prieur, et nous retournâmes en aubes à St-Oüen, étant précédez de la croix, sans chanter. On se servit pour cette cérémonie des plus beaux ornemens. Peu de jours après, les supérieurs de nos monastères du diocèze vinrent rendre leurs devoirs au nouvel Archevêque.

Funérailles de M. d'Aubigné, archevêque de Rouen, en 1719.

Messire Claude-Maur d'Aubigné, archevêque de Roüen, étant mort d'apoplexie dans laditte ville de Roüen, le samedi 22 avril 1719, vers les 4 ou 5 heures du matin, deux religieux allèrent chez quelques uns de Mess. les Chanoines pour sçavoir quelles mesures on prendroit au sujet des obsèques dudit S^r archevêque ; il leur fut répondu que, n'ayant pas encore consulté leurs registres et leur cérémonial, on ne pouvoit leur rien dire de positif. L'aprez midy un de ces messieurs vint chez nous, à qui un religieux communiqua notre cérémonial local, où il put remarquer que Mess. les chanoines devoient apporter le corps du feu Archevêque jusqu'à la Croix de pierre qui est dans le parvis de notre église, et qu'après nous l'avoir livré, ils pouvoient le suivre jusques dans notre chœur. Cela n'empêcha pas que, le landemain dimanche matin, ces messieurs ayant assemblé leur chapitre et délibéré sur ce sujet, ils résolurent, à la pluralité d'une voix, de ne pas apporter le corps du prélat en nôtre église selon la coûtume. Le principal fondement de leur résolution fut, à ce qu'on assûre, et comme ils ont pris à tâche de le répandre dans les compagnies, que nous leur refusions l'entrée de nôtre chœur, quoyque la veille, comme on l'a déjà dit, un de ces Mess. eût pu voir le contraire, et en faire le rapport au chapitre. Le même jour, après les vêpres, un chanoine vint icy, et nous apprit la résolution du chapitre, qu'il insinua être fondée sur ledit prétendu refus de l'entrée de nôtre chœur. Pour les détromper encore, on leur montra 4 ou 5 anciens cérémoniaux où le contraire étoit marqué. Il pria qu'on luy en confiât un pour le montrer le landemain à son chapitre, ce qu'on luy accorda volontiers. Le lundy matin, ayant voulu faire la lecture dudit cérémonial à ses confrères assemblez en chapitre, on luy ferma la bouche en luy disant que l'on avoit déjà statué là-dessus dès le jour précédent, qu'il n'y avoit plus à revenir.

Le lundy et mardy se passèrent à voir encore quelques uns de ces Mess. pour sçavoir s'ils vouloient persister dans leur première résolution. Enfin, ne voyant pas de disposition de la part de ces Mess. à changer, on fit vne dernière démarche d'honnêteté à M⁏ le haut-doyen, et deux religieux furent le trouver le mardy pour luy dire que Mess. les chanoines persistant dans la résolution de ne pas apporter le corps de M⁏ l'Archevêque en notre église, nous ne pouvions nous dispenser de présenter le landemain requête au Parlement pour les y obliger, ce que nous espérions de sa justice, vû les anciennes pièces que nous avons qui justifient nôtre droit et possession. Cette démarche ne produisit pas plus que les autres.

La prétention de ces Mess. dont ils s'étoient assez expliquez, est que cette cérémonie ne peut être censée d'obligation pour eux, et qu'il leur est libre de l'omettre, si bon leur semble, ou si les parents ne la demandent pas.

Le landemain 26 avril, nous présentâmes donc notre requête, au nom de M⁏ l'abbé et de la communauté, au Parlement, pour être reçus appellants comme d'abus de la délibération capitulaire de Mess. les chanoines. Nôtre requête fut reponduë le même jour, et la cour donna un arrest par lequel elle ordonnoit que la requête des S⁏ˢ abbé et religieux seroit signifiée au chapitre de la Cathédrale, pour en venir le landemain, 8 heures du matin, en présence des gens du roy. Avant que ladite requête fût signifiée, le S^r abbé de la Villette, chanoine, nommé grand-vicaire par le chapitre, *sede vacante*, et conseiller-clerc de la Grand' Chambre, alla au greffe prendre notre ditte requête, l'arrest avec nos pièces, et les porta au Chapitre pour les luy communiquer. Il les retint pendant bien deux heures, ne les rendit qu'aprèz bien des instances. Sur la communication que les chanoines en eurent, ils délibérèrent précipitamment, et résolurent d'inhumer au plutôt et secrètement le corps de M^r l'Archevêque. C'est pourquoy, à l'heure même, sans retourner chez eux, quoyqu'il fût près d'une heure, ils commencèrent par faire fermer toutes les portes de la Cathédrale et de l'Archevêché, tirèrent le corps de la chapelle de l'Archevêché où il étoit en dépost, et, l'ayant fait entrer dans l'église par une porte dérobée, l'inhumèrent clandestinement, dans le caveau de messieurs d'Amboise, sans solemnité ni le son des cloches, espérant sans doute que, leur coup étant fait, et le corps inhumé, on ne pourroit plus les contraindre à faire la cérémonie de l'apporter en nôtre église. Une démarche aussi irrégulière ne servit qu'à irriter le Parlement, et à soulever le public contre eux.

A peine l'inhumation étoit achevée, que messieurs les Commissaires députés par le Parlement, accompagnez d'un huissier, vinrent à l'Archevêché, aprèz y avoir été invitez le matin pour lever le scellé, et pour donner les ornemens et la chapelle du feu Archevêque, pour ses obsèques. M^r le Procureur général, qui étoit à leur tête, eut assez de peine à faire ouvrir les portes de l'Archevêché, et ayant connu que les chanoines venoient d'inhumer ledit Archevêque, il ne voulut point faire lever le scellé, ni rien délivrer. Ceux des chanoines qui se trouvèrent présens, luy dirent que si on n'avoit pas besoin desdits ornemens pour ses obsèques, ils seroient nécessaires pour le service. M^r le Procureur général répondit, que puisqu'ils s'en étoient bien passez pour l'enterrement, ils s'en passeroient bien pour le service, et se retira.

Pour revenir à la procédure qui regarde nôtre requête, le Parlement qui avoit prononcé sur cette affaire, ne s'en étant point saisi par son arrest, puisqu'il l'avoit rendu sans conclusions du Procureur général, sans obtention du mandement, ni de lettres d'appel comme d'abus, et qu'il y avoit encore d'autres nullitez dans la procédure, les chanoines n'ayant point été assignez lors de la signification, nous fûmes obligez de présenter une 2e requête, le 27 avril, qui fut réponduë par un : *soit com-*

muniqué au Procureur général, lequel donna ses conclusions et son réquisitoire, tant pour le maintien du droit des Religieux, que pour la conservation de celuy du clergé et du public. Il est à remarquer que, dans le moment que la requête alloit être répondue, les héritiers vinrent inviter le Parlement d'assister au service ; mais il le refusa jusqu'à ce que l'on eût fait droit sur laditte requête. Il fut donné donc un 2e arrest, le 28e, qui reçoit les religieux appellants comme d'abus des actes capitulaires de Mess. les chanoines, des 23 avril dernier et autres jours suivans, par lesquels actes il avoit été arrêté que le corps dudit Archevêque ne seroit point apporté en l'église de St-Oüen ; tient leur acte d'appel pour bien et duement relevé, et leur accorde mandement pour intimer, sur iceluy, lesdits Doyen, Chanoines, et Chapitre de N. D. de Roüen ; et, vû le cas provisoire, ordonne que l'ancien usage sera suivi, que le corps dudit archevêque sera apporté jusqu'à la croix qui est dans le parvis de St-Oüen, et délivré par le doyen ou autre député du chapitre auxdits religieux, pour reposer pendant 24 heures dans ladite église, au bout desquelles lesdits religieux le reporteront au même lieu où ils l'auront reçu, et le remettront entre les mains desdits Doyen, Chanoines et Chapitre de N. D. Et faisant droit sur les plus amples conclusions du Procureur général, la cour ordonne que ledit arrest sera exécuté dans 3 jours du jour de la signification, à quoy faire lesdits Doyen, Chanoines et Chapitre de N. D. seront contraints par la saisie de leur temporel. Tout le public applaudit à cet arrest, et chacun nous en félicita. Il fut signifié le 29 à M^r le doyen.

L'affaire pensa changer de face à l'arrivée de M^r le 1er Président. Ce magistrat étant de retour de Paris le 1er may, prévenu contre l'exhumation qui devoit se faire du corps de l'archevêque, si l'arrest du parlement étoit exécuté, il en marqua tant d'éloignement, que, pour l'empêcher plus efficacement, il fit proposer à la communauté de se contenter du cœur du deffunct archevêque, qui étoit entre les mains de Mr de Tigny son frère, et sur lequel on feroit toutes les mêmes cérémonies que l'on auroit fait sur le corps s'il eût été présent. Ce moyen parut assez propre à la communauté pour terminer l'affaire à l'amiable, sans rien perdre de son droit, et elle se porta d'autant plus volontiers à l'embrasser, qu'elle voyoit bien que cela feroit plaisir à M^r le 1er Président. Elle députa donc, à cet effet, trois religieux pour passer cet accommodement avec Mess. les chanoines en présence de ce 1er magistrat, soit par transaction, soit par un arrest contradictoire qui seroit rendu d'accord de parties. Mais ces trois députés furent bien surpris lorsqu'étant arrivez chez Mr le 1er Président, on ne leur parla plus d'apporter le cœur à St-Oüen, parce que les chanoines n'avoient pas voulu accepter cet expédient. Tout ce qui leur fut proposé, fut de signer un compromis pour authoriser Mr le 1er Président et deux autres membres du Parlement qui s'y trouvèrent présents, à juger l'affaire au fonds et contradictoirement, sur les titres qui seroient mis sur la table et examinéz. Lesdits trois députés n'ayant reçu aucun pouvoir sur ce point, de la part de la communauté, ne purent accepter cette proposition; et tout ce qu'ils purent faire fut de demander du temps. On leur donna jusqu'au landemain matin 3e de may. Mais la communauté aimant mieux abandonner le jugement de l'affaire au Parlement, qui parroissoit luy être favorable, que d'en passer par où vouloit Mr le 1er Président qui avoit marqué beaucoup de prévention, surtout parce qu'il vouloit prendre pour assesseurs deux magistrats, dont l'un s'étoit déjà déclaré ouvertement en faveur des chanoines dans le 1er jugement, et l'autre étoit douteux, elle prit le parti de suivre les chanoines, s'ils poursuivoient la procédure. Le 4e may, ils présentèrent leur requête d'opposition, demandant à être reçus opposans à l'exécution desdits deux arrests, et qu'ils fussent rapportez comme surpris.

Le landemain 5e may, avant l'audiance où l'affaire alloit être plaidée, Mess. Loüis d'Aubigné, chevalier, seigneur et marquis de Tigny, frère unique et présomptif héritier du feu Sr archevêque, présenta requête au Parlement, par laquelle il offrit de donner le cœur dudit Sr archevêque, qu'il avoit en dépôt, pour faire la cérémonie au lieu du corps, auquel il demanda qu'on ne touchât point; ce qui luy fut accordé. C'est pourquoy il fut rendu en même tems un arrest qui reçoit ledit marquis d'Aubigné partie intervenante, déboute les chanoines de leur opposition, ordonne que l'arrest du 28 sera exécuté selon sa forme et teneur, et, attendu l'impossibilité de l'exécuter sur le corps du feu Sr. archevêque, ordonne qu'il sera exécuté sur son cœur, et lesdits chanoines condamnez aux dépens. La communauté fut d'avis de les faire taxer, quoyqu'elle n'eût pas dessein de les faire payer, à moins que quelque nouvelle raison ne l'y engageât.

Il faut remarquer que, contre l'ordinaire, l'affaire fut plaidée et les deux arrests rendus à huis clos, pour épargner la confusion aux chanoines. Il faut aussi remarquer que, pendant tout le tems que dura cette contestation, la Cathédrale resta tenduë en deüil et le catafalque dressé. Les chanoines avoient fait ces préparatifs fort promptement, dans le dessein de faire le service le landemain de leur clandestine et peu honorable inhumation.

Le 8ᵉ may, l'arrest du 5 fut signifié aux chanoines. Le même jour, à sept heures et demie du soir, lesdits chanoines envoyèrent un huissier pour nous signifier, par vn exploit qu'il mit sous la porte du monastère, qu'ils exécuteroient le landemain à 9 heures du matin ; protestant néanmoins que cette soumission ne porteroit aucun préjudice à leur prétention, et ne les empêcheroit pas de se pourvoir contre ledit arrest, si bon leur semble, et de pousser l'affaire au principal.

Le lundi 8ᵉ de mai, à sept heures et demie du soir, l'on commença à sonner à la Cathédrale toutes les grosses cloches, et même celle de Georges d'Amboise, pour avertir le public de la cérémonie. On leur répondit à St-Oüen, sur les huict heures, en sonnant aussy les grosses cloches à trois volées, dès que Mess. les chanoines nous eurent fait signifier qu'ils nous apporteroient le landemain le cœur de M. l'Archevêque. En même tems les chanoines envoyèrent par toute la ville des billets, pour inviter le clergé séculier et régulier qui a coûtume de se trouver aux processions générales, de s'assembler le landemain à 8 heures du matin dans l'église Cathédrale, pour en sortir à 9 heures par la porte des Libraires, et de là se rendre à l'archevêché où on prendroit le cœur du deffunct prélat qu'on porteroit processionnellement, en marchant par la ruë des Carmes à St-Oüen, pendant laquelle procession on devoit sonner les cloches dans toutes les églises de la ville.

On ne fit pas grands préparatifs, et il n'y eut aucune tenture dans notre église, parce que les héritiers n'y contribuèrent en rien. Tout ce que l'on put faire, dans le petit espace de tems, fut de parer l'autel de l'ornement de velours violet à fleur de lys d'or, avec les 12 chandeliers d'argent, comme l'on a coûtume de faire aux services solemnels, de dresser vne table au milieu du chœur, qu'on couvrit d'vn drap de corps violet à fleur de lys d'or, au pied de laquelle régnoit vn gradin couvert de noir, sur lequel on mit onze cierges sur des chandeliers d'argent, pour répondre aux onze années que le feu archevêque a gouverné le diocèze, ainsi que le prescrit l'ancien cérémonial de ce monastère. Au dessus de cette estrade, on suspendit vn daiz de velours violet chargé de fleurs de lys d'or, qu'on avoit emprunté de la Maison de Ville, aux quatre coins duquel étoient 4 aigrettes.

On sonna une volée des grosses cloches, dès six heures du matin, et on recommença à les sonner vers le tems que le convoy commença à sortir de la Cathédrale. Le R. Père prieur avec diacre et soudiacre, et les cinq chantres, se revêtirent pour lors de l'ornement violet à fleurs de lys d'or. Le 1er chantre avoit son bâton couvert d'vn crêpe. Deux religieux prêtres, en aube, prirent des étoles noires pour porter le brancart sur lequel on devoit apporter le cœur. Il y avait 2 céroféraires, 2 thuriféraires, un porte-bénitier, et un porte-croix. Le clergé approchant de nôtre église, la communauté vint prendre les officiers en la sacristie, et marcha en deux ailes, sans chanter, par le milieu de la nef, jusques à la Croix de pierre qui est devant le portail de nôtre église, où elle resta en deux ailes, les plus jeunes étant placez les plus proches de nôtre porte-croix qui resta à la porte de l'église, et les plus anciens, avec les officiers revêtus, les plus proches de la Croix de pierre, au devant de laquelle étoit vne table, couverte d'un drap de corps de velours violet à fleurs de lys d'or, pour y poser le brancart sur lequel on apportoit le cœur de l'archevêque. Il faut remarquer que, des cinq chantres, les 2 derniers restèrent proche le porte-croix, à l'entrée de l'église, d'un côté et de l'autre, ayant chacun un encensoir, pour encenser tout le clergé séculier et régulier qui entra dans nôtre église, et même dans le chœur. Les chanoines réguliers de St-Lo et de Ste-Magdeleine ne se trouvèrent point à cette cérémonie. Les enfans du bureau précédoient le clergé avec des pains. Une partie de la Cinquantaine faisoit ranger le peuple dont l'affluence étoit très-grande, et gardoit les portes de l'église et du chœur.

Quand le chapitre de la Cathédrale fut arrivé à la Croix de pierre, aussitost les deux thuriféraires qui étoient restez à côté des 2 chantres qui encensoient, reprirent leurs encensoirs des mains desdits chantres, et allèrent joindre le R. P. prieur pour luy présenter l'encens à bénir, dont il encensa le cœur du deffunt prélat, dès qu'il fut déposé sur la table préparée. Il étoit porté sur un brancart par deux chapelains en surplis et étoles, étoit accompagné de cinq officiers ou domestiques en deüil, qui portoient les marques de la dignité du deffunt archevêque, dans autant de bassins d'argent, sçavoir : la mitre, la crosse, la croix, l'aumusse et la couronne de Pair, le tout couvert de crêpes, et étoit entouré de luminaires portez par des pauvres.

M^r le haut-doyen s'étant avancé, fit au R. P. prieur le compliment accoutumé, mais en françois, changeant le mot *corps* en celuy de *cœur*, et dit: *Mon Père, voicy le cœur de Mess. Claude-Maur d'Aubigné, archevêque de Roüen : vous nous l'avez donné vivant, nous vous le rendons mort.* Le R. P. prieur luy répondit par un petit éloge du deffunct, et du zèle que le chapitre faisoit paroître à luy rendre les derniers devoirs, et finit en disant : *Nous vous le rendrons demain, à la même heure et à la même place.* M^r le doyen répliqua: *Nous le viendrons quérir demain, à la même heure et à la même place.* Le R. P. prieur invita ensuite ledit M^r le doyen avec son chapitre de nous faire l'honneur d'entrer dans nôtre église, et de venir prendre leurs places dans nos chaires du chœur, pour y chanter ce qu'ils voudraient sur le cœur de M^r l'archevêque. A quoy M^r le doyen répondit que ce ne seroit pas pour cette fois, et se retira avec son chapitre, aussi bien que ceux qui portoient les marques de la dignité de l'archevêque.

Il est bon de remarquer que l'on avoit placé la table sur laquelle on devoit poser le cœur du prélat, entre la porte de notre église et la Croix de pierre. Ce qui ne plut pas au chapitre qui demanda qu'on la mît au-delà de la Croix de pierre. Ce qui fut exécuté sans peine, car on avoit cru leur faire plus d'honneur.

Les chanoines retirez, les 2 religieux en aubes et en étolles ayant pris le brancart sur leurs épaules, le 1er chantre entonna le *Subvenite*, que la communauté poursuivit, en marchant jusques dans le chœur, où ledit brancart qui suivoit la communauté étant placé sur ladite table, et le répons fini, le R. P. prieur, accompagné du diacre et du soudiacre, fit l'absolution sur le cœur, avec aspersion et encens. Aprez quoy on chanta le premier nocturne des morts, en nottes, en commençant par l'invitatoire. On commença aussi à dire des messes basses en noir, au grand autel, jusqu'à midy. Il faut remarquer qu'on avoit dit primes et tierce *in directum* à 5 heures et demie, et la grande messe du jour avec les autres petites heures vers les 7 heures, pour être libre et n'être pas surpris par le clergé.

Aprez que la communauté fut sortie du chœur, il resta 2 religieux pour réciter, à genoux sur un prie-dieu, le Psautier. Il en succéda deux autres, de demi-heure en demi-heure, et, pendant la nuit, d'heure en heure, excepté le tems de l'office, jusqu'à la messe solemnelle du landemain, les onze cierges restant toujours allumez, excepté que pendant la nuit on se contenta d'en laisser brûler vn fort gros.

Aprez les vêpres canoniales on chanta en nottes celles des deffuncts, pour lesquels le R. P. prieur et les cinq chantres se revêtirent, comme le matin, avec les céroféraires et thuriféraires. Le R. P. prieur encensa l'autel au *magnificat*, accompagné des deux derniers chantres. En s'en retournant il s'arrêta à la table où étoit posé le cœur qu'il encensa. Aprez être arrivé en sa place, il fut encensé, luy seul, par les 2 chantres.

Aprez complies qui se dirent à l'heure ordinaire, on chanta en nottes les 2 derniers nocturnes des deffuncts. Six des plus anciens prêtres chanterent les 6 leçons, en commençant par le moins ancien. Le R. P. prieur chanta la dernière, pendant laquelle chacun se tint debout. On réserva les laudes des deffuncts, que l'on psalmodia la nuit, immédiatement aprez les laudes canoniales.

Le landemain mercredy on dit primes et tierce à 5 heures et demie, *in directum*, comme le jour précédent. On marqua des prêtres pour dire des messes basses au grand autel, sucessivement jusqu'à la grand'messe, dont on sonna la préparation à 7 heures et demie. Tous les religieux y assistèrent en aubes. Elle fut célébrée solemnellement par le R. P. prieur. Il étoit revêtu, avec les diacre et soudiacre, de l'ornement violet à fleurs de lys d'or, qu'on avoit emprunté de la ville. Les céroféraires et thuriféraires avoient aussi des tuniques violettes à fleurs de lys d'or. Les cinq chantres avoient aussi des chappes de même, le 1er chantre portant son bâton couvert de crespe. Ils se promenèrent dans le chœur comme à l'ordinaire. L'épitre et l'évangile furent chantez au Jubé, en portant les textes de vermeil, comme à l'ordinaire. Il n'y eut qu'une absolution à la fin. Ensuite toute la communauté alla à la sacristie prendre des chappes noires qu'on avoit empruntées de diverses paroisses de la ville, et revint au chœur, où ayant dit nonnes *in directum*, elle se tint assise dans les hautes chaires, et les chantres sur leur banc, en attendant qu'on fût averti que les chanoines de la Cathédrale approchoient de nôtre église. Dès qu'on en eut avis, tous les officiers de l'autel, revêtus comme à la messe, entrèrent dans le chœur précédez de la croix ; celuy qui la portoit étoit revêtu de tunique, aussi bien que le porte-bénitier. Deux religieux prêtres, en aubes et en étolles de velours violet à fleurs de lys, ayant pris sur leurs épaules le brancart sur lequel étoit le cœur, les enfans de la sacristie l'accompagnant en rochet avec des flambeaux, le 1er chantre entonna le r/ *Qui Lazarum* ; la communauté commença à marcher processionnellement jusqu'au bas de l'autel. Etant arrivez à la porte de l'église on s'y arrêta jusqu'à ce que l'on vît approcher messieurs de la Cathédrale. Alors on alla au devant d'eux jusqu'à la Croix de pierre, comme le jour précédent, et on se rangea, de sorte que le R. P. prieur, les officiers revêtus et les plus anciens étoient les plus proches de ladite Croix et de Mess. les chanoines. Ceux qui portoient le cœur sur un brancart, le déposèrent sur la table préparée, au devant de ladite Croix de pierre ; et le R. P. prieur, adressant la parole à M^r le haut-doyen, luy dit : *Monsieur, nous vous rendons le cœur de M^r. l'Archevêque, comme nous vous l'avions promis.* M. le doyen l'ayant pris par la main, ils touchèrent conjointement le cœur, et aprez quelques honnêtetés de part et d'autre, ils se séparèrent. Pour lors deux chapelains en surplis et étolles reprirent le cœur déposé sur la table, comme le jour précédent, et les cinq officiers, qui portoient les marques de dignité du deffunct archevêque, vinrent rejoindre ledit cœur pour l'accompagner. Car il faut remarquer que ces marques de dignité n'avoient pas été apportées dans nôtre église avec le cœur, non plus que le luminaire qui les accompagnoit. Le clergé de la ville ne vint point cette fois avec les chanoines, qui s'en retournèrent seuls dans leur église. Les religieux se retirèrent ensuite dans le même ordre qu'ils étoient venus, et repassèrent au travers de la nef et du chœur, mais sans chanter.

Les chanoines, au lieu de porter le cœur à St.-Amand, selon l'ancien usage, le raportèrent droit chez eux, par la ruë des Carmes.

Installation de Messire de Besons.

N. B. L'Installation de messire Armand Bazin de Besons, successeur de M. d'Aubigné à l'Archevêché de Rouen, présentant la mention d'une particularité importante, sur laquelle le récit précédent garde le silence, nous avons cru devoir rapporter le fragment suivant, qui fera mieux comprendre la partie de la cérémonie des funérailles où il est question de la tradition du cœur de l'Archevêque défunt aux religieux de Saint-Ouen.

❖

Mgr. l'Archevêque étant arrivé le 12, sur les 2 heures d'aprez midy, il prit son repas, et, sur les 4 heures, il donna audience aux six députés du Chapitre qui furent luy rendre leurs respects en habit de chœur étant précédés de leur huissier portant sa masse. Aprez qu'ils furent sortis, il la donna au R. P. prieur qui y étoit allé accompagné de 3 religieux, et là on convint que nous nous rendrions à St.-Herbland sur les 8 heures et demie, afin de commencer la cérémonie à 9 heures. Dès le matin du 13, je fis porter en cette paroisse autant d'aubes et autant des plus belles chappes que j'avois prévu qu'il y auroit de religieux, que je fis mettre sur des tables que M^r le curé avoit fait disposer dans la chapelle de la Vierge. A 8 heures et demie la communauté sortit de l'église de l'Abbaye, en froc, étant précédée d'un frère convers en aube, qui portoit la croix. On ne chanta point dans cette marche. Étant entrés dans l'église, nous nous revêtîmes de nos aubes et de nos chappes, et le frère convers prit une tunique, et ensuite nous entrâmes dans le chœur où nous occupâmes toutes les chaires en attendant Mgr. l'Archevêque. Lorsqu'il entra dans le chœur, il salua toute la communauté par une inclination à droite et à gauche, et après avoir fait sa prière sur un prie-dieu, M^r le curé le conduisit dans la sacristie où il prit des bas de soye couleur de chair et des sandales légères toutes ouvertes. Après quoy M^r le curé le ramena devant l'aigle, et pour lors le R. P. prieur et le P. souprieur furent se mettre à ses côtés, et on commença à marcher étant précédés du clergé de St.-Herbland et de M^r le curé, et alors notre chantre qui ne porta point son bâton commença le ℟. *Ecce sacerdos magnus.* Étant arrivés à la barrière qui est devant la chambre des trésoriers de France, nôtre porte-croix, qui avoit à ses côtés 2 enfans qui portoient les chandeliers, s'arrêta, et la communauté se mettant en haye autant que la multitude du peuple le put permettre, Mgr. passa au milieu accompagné du R. P. prieur et du P. souprieur. Lorsqu'il fut sur la marche de la barrière, le R. P. prieur adressant la parole à M^r le haut-doyen qui étoit à la tête de tout le chapitre, tous en chappes, luy dit ces paroles de la formule ordinaire : *Illustrissimi domini Decani et capitulum Ecclesiæ Metropolitanæ Rothomagensis, tradimus vobis dominum Archiepiscopum vivum, quem reddetis nobis mortuum.* Et, laissant le prélat faire ses sermens ordinaires à M^r le doyen, nous nous retirâmes en l'église de l'Hôtel-Dieu pour y déposer nos aubes et nos chappes, en ayant demandé auparavant la permission à M^r le prieur de la Magdeleine.

Quelques chanoines, par ressentiment des avantages que nous reçûmes dans le temps, de l'inhumation de feu M. d'Aubigné, avoient fait auparavant leur possible auprez de Mgr de Besons, pour l'engager à ne point faire cette cérémonie; mais, le voyant résolu à observer les anciens usages, ils s'avisèrent de fabriquer un compliment supposé, qu'ils faignoient que devoit prononcer le député du Chapitre, qu'ils firent imprimer et distribuer dans toute la ville, afin de nous rendre odieux ; il étoit conçu en ces termes :

Compliment de MM. les vénérables Doyen, Chanoines et Chapitre de l'Église primatiale et métropolitaine de Rouen, à Mgr Armand Bazin de Besons, présenté par les frères Bénédictins, pour prendre possession de l'archevêché de Rouen.

« Mgr, nous vous recevons des mains des frères Bénédictins avec des
« sentiments bien différents. A peine goûtent-ils le bonheur de vous
« voir, qu'ils vous redemandent mort. Ce dur mot a-t-il dû leur
« échapper, et pouvons-nous n'en être pas indignés ? Ces mouvements
« affectueux d'une multitude empressée, ces acclamations de joye, d'ad-
« miration, de tendresse, ces hommages de tant de cœurs uniquement
« occupés du désir de vous honorer et de vous plaire, doivent-ils être
« troublés par un souvenir si triste et si affligeant ? Non, Mgr, vous ne
« trouverez que de la candeur dans notre dévouement sincère et res-
« pectueux » ; etc., qui ne sont que des louanges du nouveau Prélat.

Bien loin que ce compliment supposé et séditieux ait altéré les esprits contre la communauté de Saint-Ouen, il a attiré l'indignation de tout le monde.

SUR LA RELATION

DES

FUNÉRAILLES DE M. DE FEUGUEROLLES

ET SUR LE CÉRÉMONIAL

DE L'INSTALLATION ET DES FUNÉRAILLES

DE CLAUDE-MAUR D'AUBIGNÉ

Le Mémorial manuscrit qui nous fournit ces deux fragmens étant déjà connu de nos lecteurs par un extrait concernant le passage de Jacques II par Rouen, inséré dans l'un des articles précédens de cette collection, nous ne nous arrêterons point à sa description. La première des deux anecdotes que nous publions aujourd'hui est d'un vif intérêt : elle donne la mesure des rivalités haineuses, de la scission profondément tranchée, qui existaient, depuis des siècles, entre le clergé régulier, c'est-à-dire les communautés monastiques, et le clergé séculier, ou les prêtres des paroisses; les uns enorgueillis de leurs immunités, de leurs priviléges et de leurs immenses richesses, les autres forts de l'appui et des sympathies du peuple, qui reconnaissait en eux ses légitimes pasteurs ; les premiers croyant fermement représenter, dans la hiérarchie ecclésiastique, un véritable ordre de noblesse, les derniers habiles à tenter tous les empiétemens, intrépides à soutenir toutes les luttes, pour prouver qu'ils ne s'avouaient point tiers-état. De là des querelles fréquentes, du genre de celles que firent surgir les funérailles de M. et de Madame de Feugucrolles ; de là des provocations, des violences, à l'appui desquelles, s'il arrivait que le peuple vînt à jeter sa turbulente intervention, il était bien rare que les moines s'échappassent sans quelques gourmades. Voici, au reste, l'explication des scènes tumultueuses dont l'enterrement de notre conseiller au Parlement devint l'occasion. Beaucoup de familles puissantes, à titre d'ancien patronage, de bienfaits libéralement prodigués, ou en vertu d'une concession chèrement achetée, possédaient dans certains monastères des caveaux funéraires, et jouissaient du droit d'y faire inhumer à perpétuité leurs membres décédés. Or, lorsqu'un titulaire de ce droit venait à mourir, c'était le clergé de sa paroisse qui devait aller chercher son corps et le convoyer jusqu'à la porte de l'église conventuelle ; fonction essentiellement pastorale et que les moines étaient inhabiles à exercer. Mais, à la porte de l'église, frontière des deux puissances rivales, cessaient les attributions du curé et le pouvoir du clergé de paroisse, sur les restes de son paroissien. La communauté monastique s'en emparait, ainsi que de tout le luminaire trouvé aux mains des prêtres congédiés, à la charge, cependant, pour ce dernier article, d'en rendre la moitié après la cérémonie.

Maintenant, le lecteur n'aura pas de peine à concevoir que cette obligation exorbitante à laquelle devait se soumettre le clergé séculier, d'apporter son paroissien, c'est-à-dire sa propriété, sa chose, à la porte même de ses jaloux ennemis, qui s'en emparaient à sa barbe, et que l'insultant affront de se voir congédier ensuite sans plus de cérémonie qu'un valet, sans même être admis à participer aux prières et partant aux distributions qui les suivaient ; on concevra, dis-je, facilement, que ces servitudes et cette reconnaissance implicite de supériorité, devaient profondément blesser un clergé qui prétendait marcher tout au moins l'égal des moines. Aussi n'est-il pas de ruse déguisée, de résistance ouverte, de menées et d'intrigues qu'il n'employât pour arriver à ses fins, c'est-à-dire à vexer les pauvres moines et à les dépouiller. Une de ses principales prétentions était de porter le corps de ses paroissiens jusque dans le chœur de l'église conventuelle, et, qui sait ? peut-être, arrivé là, de faire lui-même le service, et d'enterrer son mort au nez des moines consternés. Aussi il faut voir comment les religieux s'opposaient à cette usurpation, et quelle vigoureuse résistance ils opposaient en cas du plus léger empiètement. L'auteur de la naïve relation que nous reproduisons, nous fait entendre, dès les premières phrases de son récit, que déjà, à différentes reprises, pareille tentative avait amené de furieuses représailles, et que de bruyans scandales avaient troublé la paix du sanctuaire. Cependant, soit lassitude, soit conscience de leur faiblesse, les moines avaient fait des concessions ; et, disputant pied à pied le terrain, reculant forcément de pilier en pilier, ils avaient fini par permettre aux curés de venir déposer leur mort devant la chaire, au milieu de la nef. Certes, c'était là de la générosité ; mais, hélas ! quand vit-on jamais les concessions enrayer l'élan des envahisseurs ? Demandez plutôt aux journaux de la résistance. Le curé de Sainte-Croix-Saint-Ouen, paroisse située à l'entrée de la rue des Boucheries, prétendait donc passer outre ; et son opiniâtreté, dans cette circonstance, est d'autant plus remarquable, que sa cure étant à la nomination de l'abbé de Saint-Ouen, il était en quelque sorte le vassal de l'abbaye.

Rien de plus curieux et de plus audacieusement ironique que le compliment qu'il adresse aux moines. La réponse, quoique faite à loisir, est bien pâle auprès de ce morceau. Rien de plus significatif encore que l'insinuation semée adroitement, parmi quelques centaines de laquais qui stationnaient à la porte de l'église, que les moines égorgeaient le curé et ses prêtres dans l'intérieur. Et ce cercueil jeté à terre et foulé aux pieds ; et ce conseiller au Parlement qui s'empare de la croix processionnelle, et qui la brise sur la porte du chœur, en essayant d'en forcer l'entrée : tous ces détails ne sont-ils pas curieux et pittoresques, et ne méritaient-ils pas bien que nous engagions l'un de nos plus spirituels dessinateurs à tenter d'en reproduire la physionomie désordonnée et caractéristique ?

La deuxième pièce, extraite du même Manuscrit, relate diverses circonstances de cérémonial ecclésiastique, d'autant plus curieuses qu'elles sont tout-à-fait locales, et qu'elles témoignent encore de ces luttes incessantes qu'avaient à soutenir les établissemens monastiques contre le clergé des cathédrales ou des paroisses, toujours prêt à contester, à dénier les priviléges de leurs rivaux.

Il s'agit du cérémonial de l'installation et des funérailles des archevêques de Rouen. On sait que l'abbaye de Saint-Ouen avait le magnifique privilége de présenter le nouvel élu à son clergé, et, à la mort du prélat, de venir reprendre son corps, et de le garder une nuit dans l'abbaye, avant la cérémonie des funérailles. « *Nous vous le donnons vivant, vous nous le rendrez mort* », telle était l'orgueilleuse formule par laquelle les moines de Saint-Ouen s'arrogeaient en quelque sorte un droit de possession sur le prélat mort ou vivant. Notre relation prouvera que le Chapitre essaya plus d'une fois de se soustraire à ce droit exorbitant, et que, s'il ne fut pas toujours heureux dans ses tentatives, au moins faisait-il preuve, dans ses résistances et ses attermoiemens, d'une rare ténacité.

A. P.

XII

L'OISON BRIDÉ

XIII

LETTRES PATENTES
EN FAVEUR DE RICHARD LALLEMANT
RELATIVES A L'ÉTABLISSEMENT DE L'IMPRIMERIE A ROUEN

L'OISON BRIDÉ.

www.ingramcontent.com/pod-product-compliance
Lightning Source LLC
Chambersburg PA
CBHW070533050426
42451CB00013B/2990